La batalla del Somme

Una guía fascinante de uno de los acontecimientos más devastadores de la Primera Guerra Mundial que tuvo lugar en el frente occidental

© Copyright 2020

Reservados todos los derechos. Ninguna parte de este libro puede reproducirse de ninguna forma sin permiso expreso y concedido por escrito por el editor. Las citas deben realizarse entre comillas, citando la fuente.

Descargo de responsabilidad: ninguna parte de esta publicación puede reproducirse o transmitirse de ninguna forma ni por ningún medio, incluyendo la fotocopia y la grabación, ni por ningún sistema de almacenamiento o recuperación, ni ser transmitido por correo electrónico sin permiso expreso y por escrito del editor.

Aunque se ha realizado una revisión exhaustiva de las fuentes para verificar la veracidad de información que se facilita en esta publicación, ni el autor ni el editor asume ninguna responsabilidad respecto a los posibles errores, omisiones o interpretaciones contradictorias referidas a la materia tratada.

El único objetivo de este libro es el ocio. Los puntos de vista expresados son exclusivos del autor, y no deben tomarse como recomendaciones u órdenes de expertos en la materia. El lector es responsable de sus propios actos.

El cumplimiento de cualquier ley, regulación o norma, incluyendo las internacionales, federales, estatales y locales que atañen a las autorizaciones profesionales, las prácticas de comercio, de publicidad y todas las cuestiones que afectan a la forma de hacer negocios en los Estados Unidos, Canadá, el Reino Unido o cualquier otra jurisdicción nacional, es responsabilidad exclusiva del comprador o del lector.

Ni el autor ni el editor asumen ninguna responsabilidad u obligación, del tipo que sea, en nombre del comprador ni del lector de estos materiales. Cualquier falta de respeto que pudiera percibirse como tal respecto a un individuo u organización es completamente accidental.

Índice

INTRODUCCIÓN 1
CAPÍTULO 1 - EL CAMINO AL SOMME 3
CAPÍTULO 2 - LA IMPORTANCIA DE VERDÚN 9
CAPÍTULO 3 - COMIENZA LA BATALLA DEL SOMME 14
CAPÍTULO 4 - EL DÍA Z 18
CAPÍTULO 5 - LAS BATALLAS DEL SOMME 23
CONCLUSIÓN...39
BATALLAS QUE TUVIERON LUGAR EN EL SOMME EN 1918................43
RECORDANDO A LOS CAÍDOS 46
CRONOLOGÍA DE LOS ACONTECIMIENTOS QUE CONDUJERON A LA BATALLA DEL SOMME Y DE LAS PRINCIPALES BATALLAS DE LA OFENSIVA...49
ALTOS MANDOS MILITARES ALEMANES Y ALIADOS DE LA BATALLA DEL SOMME..51
CRONOLOGÍA DE LOS ACONTECIMIENTOS MÁS SIGNIFICATIVOS DE LA PRIMERA GUERRA MUNDIAL 54
REFERENCIAS..57

Introducción

Durante la Primera Guerra Mundial se libraron muchas y muy variadas batallas, todas ellas brutales, sangrientas y devastadoras, y cada una a su propia manera. Cada batalla tuvo sus victorias y sus derrotas, sus éxitos y sus fracasos. Hubo héroes concretos en cada ambos bandos, también acciones heroicas de batallones enteros. Hubo hombres que lucharon hasta el final más amargo, y murieron en los embarrados campos de Francia. Sus cuerpos nunca se recuperaron, y los lugares de su descanso eterno permanecieron sin ningún tipo de señal ni recuerdo durante más de un siglo. No obstante, conforme va pasando el tiempo y esa primera Gran Guerra se va diluyendo en la memoria colectiva, muchas de esas batallas van dejando de contemplarse como acontecimientos singulares, para pasar a ser partes de un todo, puntos de la progresión lineal de una historia más completa.

Para captar el verdadero horror de la guerra resulta muy instructivo ver el cuadro completo de la misma y entender la escala de pérdidas y devastación que sufrió Europa entre 1914 y 1918. Pero para poner la guerra en contexto, también es necesario estudiar sus batallas más decisivas, que fueron las que dibujaron el devenir del conflicto. Las batallas del Somme y de Verdún son, en muchos aspectos, un microcosmos de la Gran Guerra en su conjunto, del glorioso heroísmo que se desplegó y del indescriptible horror en el que incurrió. Los soldados que lucharon y murieron alcanzaron la mayoría de edad de la manera más brutal que pueda imaginarse. Y aunque las dos se produjeron en lugares separados por muchos kilómetros, la batalla del Somme y la de Verdún están entrelazadas de una forma tan íntima y esencial para la Primera Guerra Mundial que resulta imposible considerarlas de forma separada. Puede que la planificación de la del Somme precediera a la de Verdún, pero Verdún jugó un papel clave en la forma y el desarrollo de la del Somme, y en su desastroso resultado.

La batalla del Somme tuvo una enorme importancia para todos los que participaron en ella, pero sobre todo resultó clave para los británicos, pues fue la primera vez en la guerra que se vieron obligados a asumir la responsabilidad principal de una ofensiva, y lo cierto es que no tuvieron tiempo suficiente para prepararse adecuadamente para el asalto. Pero el aspecto puramente militar no fue el único importante para los británicos: la batalla del Somme permanece viva en la memoria colectiva del pueblo, no solo por la inimaginable devastación y la enorme cantidad de bajas sufridas por el ejército británico en un solo día, sino también por el efecto que produjo sobre el espíritu nacional británico. Hubo pueblos enteros que perdieron a una generación completa de hombres jóvenes en las orillas del río Somme, y familias destrozadas por los hijos y hermanos que cayeron sobre los embarrados campos de Francia. La batalla del Somme constituyó una inconmensurable tragedia para el pueblo británico.

Capítulo 1 – El camino al Somme

El año 1916 supuso un punto de inflexión en la Primera Guerra Mundial. Al terminar 1915, la Gran Guerra que, de forma tremendamente optimista, muchos habían predicho que terminaría antes de las fiestas de Navidad de 1914, se encontraba en un callejón sin salida, pues las cosas no habían ido ni como habían previsto los aliados (Gran Bretaña, Francia, Rusia, Italia y los Estados Unidos), ni tampoco como pretendían las potencias centrales (Alemania, Austria y Hungría, el Imperio otomano y Bulgaria). El frente occidental se había convertido en un infierno de barro, en el que ambos bandos sufrían cada vez más bajas y ninguna de las partes enfrentadas conseguía ganar terreno. El frente permanecía estático a lo largo de una larga línea que se extendía desde el canal de la Mancha hasta Suiza.

Cuando estalló la guerra en 1914, ambos bandos ya pensaban que las batallas iban a ser brutales, pero también concebían un conflicto de corta duración. Nadie esperaba que se extendiera durante varios años. Y los respectivos ejércitos confiaban en que sus tácticas y su superior conocimiento acerca de la guerra les garantizaría la victoria total. Los alemanes estaban seguros de que si se aferraban al denominado Plan Schlieffen derrotarían rápidamente a los franceses y así podrían prepararse para atacar el frente oriental, en el que Rusia iba a movilizar su enorme, aunque lenta, maquinaria de guerra. Pero los líderes militares de ambos bandos no fueron capaces de prever el impacto que los cambios tecnológicos en el armamento iban a suponer de cara a los enfrentamientos bélicos del siglo XX, y absolutamente nadie había previsto una interminable y absolutamente extenuante guerra de trincheras. Los avances tecnológicos habían cambiado por completo la naturaleza de la guerra, y la estrategia militar no estaba a la altura de los cambios.

Por supuesto, las trincheras[1] no empezaron a utilizarse en la Primera Guerra Mundial, y los generales de ambos bandos previeron desde el principio utilizar atrincheramientos para consolidar las posiciones ganadas; pero lo que nadie se imaginaba era que la guerra fuera a librarse fundamentalmente en las trincheras. Sin embargo, eso fue precisamente lo que ocurrió cuando, en septiembre de 1914, los alemanes, en la primera batalla del Marne, no fueron capaces de aplicar el mortal rodillo que habría terminado con la guerra en el frente occidental, por lo que perdieron la ventaja de poder utilizar la inmensa mayoría de sus efectivos en el oriental. Lo cual los forzó a enfrentarse a la situación que más temían, es decir, una guerra larga e igualada en ambos frentes. Y eso trajo consigo que la guerra de trincheras se convirtiera en el hecho bélico clave de la confrontación, pues tanto los aliados como las potencias centrales se vieron forzados a soportar una mortal guerra de desgaste basada en ataques sostenidos y prolongados, diseñados para ir minando poco a poco al enemigo y reducir su efectividad.

A finales de 1915, tras más de dieciocho meses de lucha, el ejército alemán todavía no había sido capaz de neutralizar a Francia, y sus aliados más importantes, los austrohúngaros, en lugar de aportar fuerza y capacidad de combate, se habían convertido en un satélite militar del imperio alemán. El ejército austrohúngaro andaba muy corto de suministros y sufrió cuantiosas bajas desde el principio de la confrontación, por lo que su moral era muy baja. En tales circunstancias, su única baza era confiar en el apoyo alemán, por lo que tuvieron que subordinarse a los generales germanos y a sus planes de guerra.

A los aliados no les iba mucho mejor. Los franceses, en su desesperada lucha por rechazar a Alemania y expulsar de su país a los invasores, ya habían sacrificado más de trescientos mil hombres, y otros seiscientos mil habían resultado heridos, hechos prisioneros o dados por desaparecidos. La poderosa armada británica tampoco había logrado arrebatar a los turcos el estrecho de los Dardanelos, y la sangrienta campaña de Gallipolli terminó en derrota de los aliados. El enorme ejército ruso había ido de derrota en derrota sin obtener ningún éxito importante, y estaba cada vez más cerca de abandonar la guerra conforme crecía el descontento entre la población: el poderoso imperio de antaño se tambaleaba ante el empuje de la revolución. Pero, por desgracia, ninguno de los dos bandos se planteó negociar un alto el fuego honroso para todos, ni mucho menos una rendición unilateral. Así estaba la guerra en Europa en la Navidad de 1915, en una situación desoladora y casi inmóvil. Pero las cosas iban a cambiar muy pronto, un cambio que iba a ser claramente a peor.

Al comenzar el nuevo año, tanto los aliados como las potencias centrales estaban decididas a acabar con el bloqueo del frente occidental, y las dos partes comenzaron a desarrollar planes cuidadosos para la siguiente fase de la guerra, preparando el decorado para dos de las batallas más mortales y sangrientas que han tenido lugar en suelo francés en toda la historia. La batalla de Verdún y la batalla del Somme se convirtieron en los símbolos más evidentes del inútil derroche de muerte y destrucción que trajo consigo la Primera Guerra Mundial.

El dos de diciembre de 1915 Joseph Joffre, el gran vencedor de la primera batalla del Marne, fue nombrado comandante en jefe del ejército francés. Ese nombramiento lo convertía en el general más poderoso del bando aliado en ese momento. Cuatro días después de su nombramiento, Joffre convocó una histórica reunión de generales aliados en el cuartel general de Chantilly. En esa reunión se establecieron los planes para una ofensiva coordinada de las fuerzas aliadas, que tendría que producirse en el verano de 1916: una gran ofensiva franco-británica que sacaría la guerra del punto muerto en el que se encontraba y que, si salía bien, empujaría a los alemanes más allá de sus propias fronteras.

La tarea principal del ejército británico[2] en 1914 y 1915 había consistido en apoyar a los franceses, por lo que la ofensiva del Somme sería coordinada y dirigida por los generales franceses, y contaría con cuarenta divisiones galas y veinticinco británicas. El lugar elegido para la histórica ofensiva fueron las orillas del río Somme, no porque se tratara del lugar más adecuado geográficamente del frente desde el que lanzar el ataque, sino porque era precisamente el punto de las líneas aliadas en el que convergían los ejércitos francés y británico.

Pero los alemanes, bajo el mando del general Erich von Falkenhayn, comandante en jefe de las fuerzas germanas, también estaban ansiosos por desatascar el frente occidental, y también planeaban su propia ofensiva. Su objetivo era Verdún, una ciudad situada a 240 kilómetros del Somme, y atacaron primero. Esta ofensiva alemana iba a tener un efecto importantísimo sobre el curso de la guerra. Cambió tanto el momento como la naturaleza de la batalla del Somme, y tuvo unas consecuencias graves y costosas para los británicos. La batalla de Verdún convirtió la del Somme, concebida en principio como un intento de empujar hacia atrás a los alemanes, en un intento desesperado de salvar Verdún y, como consecuencia, el futuro de Francia.

[1.] *En un principio, las trincheras se habían concebido como refugios temporales, de construcción muy simple, y se diseñaron para que los soldados de infantería lucharan hombro con hombro. Los líderes militares del momento asumían que los ataques de la artillería pesada iban a ser capaces de destruirlas, o al menos de mantener a raya a los soldados atrincherados el tiempo suficiente como para desarrollar un ataque directo de la infantería o la caballería. Sin embargo, no fue ese* el caso, y en el frente occidental las batallas se ganaron o se perdieron en las trincheras.

Conforme avanzaba la Primera Guerra Mundial, la arquitectura de las trincheras se fue haciendo más elaborada. Muy pronto, la primera línea del frente se convirtió en un auténtico laberinto de túneles comunicados entre sí, y a su vez conectados con otros muy largos que conectaban con las zonas de aprovisionamiento. Ambas partes establecieron líneas zigzagueantes de trincheras, con pasillos, túneles subterráneos, cruces, zonas de descanso y refugios muy protegidos.

Una trinchera bien construida solía tener hasta dos metros y medio de profundidad, de modo que los soldados podían ir andando sin agacharse y seguir a cubierto del fuego enemigo. La zona superior que encaraba al enemigo se llamaba el parapeto y en ella había escalones, a los que se subían los soldados para poder ver, apuntar y disparar. La parte posterior de la trinchera, el "parados", cubría las espaldas de los soldados de la metralla de las bombas. El suelo solía estar formado por rejillas de madera, y en los diseños más avanzados, las rejillas se apoyaban a su vez sobre una estructura, también de madera, para permitir el drenaje. Solían estar protegidas exteriormente por alambre de espino, minas, trampas camufladas, redes y otros obstáculos. Los refugios o búnkeres se construían a prueba de bombas, para resistir tanto los bombardeos de la artillería pesada como los ataques de la infantería.

El espacio que separaba las trincheras de cada bando recibía el nombre de "tierra de nadie". En el frente de batalla, la anchura de la tierra de nadie oscilaba entre los noventa y los trescientos metros, pero todo dependía del terreno y de las condiciones de la lucha. En Vimy Ridge las trincheras de ambos frentes estaban a menos de veinticinco metros, y durante la batalla de Gallipolli, en los estrechos desfiladeros de Chunuk Bair, a las tropas australianas y otomanas les separaba un espacio de apenas quince metros, por lo que se podían lanzar granadas y pequeñas bombas a las trincheras enemigas. Incluso se construyeron trincheras en regiones de alta montaña como los

Alpes, a casi cuatro mil metros de altitud, en zonas con paredes verticales. A menudo resultaba imposible recoger los cuerpos de los muertos o rescatar a los heridos desde la casi inexistente tierra de nadie, y miles de soldados quedaban abandonados durante días al ardiente sol o en el barro helado, gritando de dolor y pidiendo agua, hasta que, en la mayoría de los casos, terminaban muriendo.

Como poco, la vida en las trincheras resultaba desagradable, pero en algunos casos era realmente horrenda. En la Cueva de los Australianos de la península de Gallipolli la lucha que se produjo fue particularmente intensa, y hubo numerosísimas bajas en ambos bandos. Con el calor del verano, las condiciones en las trincheras se deterioraron hasta extremos insospechados. La comida se estropeaba inmediatamente, se extendieron las infecciones y las consecuentes enfermedades, y auténticas nubes de moscas lo cubrían todo, mientras los cuerpos de los soldados muertos en combate se amontonaban en las trincheras y gargantas, quedándose allí durante semanas, sin enterrar y pudriéndose.

[2]*Cuando estalló la Gran Guerra, el ejército británico era muy pequeño. Apenas estaba formado por unos doscientos cincuenta mil soldados voluntarios, llegados de todos los rincones del Imperio, e inicialmente solo se enviaron al frente occidental cinco divisiones, con unos quince mil soldados por división. En 1916, tras una campaña de reclutamiento muy eficaz, el número de soldados sobrepasaba ya el millón y medio. Por el contrario, el ejército francés tuvo desde el principio setenta y dos divisiones y el alemán ciento veintidós, ya que ambos países tenían un sistema de reclutamiento mediante el que todos los jóvenes recibían una instrucción militar básica y realizaban un servicio militar obligatorio de unos dos años.*

Capítulo 2 – La importancia de Verdún

Las batallas de Verdún y del Somme están intrínsecamente relacionadas en el desarrollo de la Gran Guerra. Es imposible entender el significado de una sin la otra. La de Verdún fue la más larga, la más costosa y la más amplia de toda la guerra. Tuvo lugar en las colinas cercanas a la ciudad de Verdún, en las orillas del Mosa, y duró desde el veintiuno de febrero hasta el dieciocho de diciembre de 1916. En ella no se libraba solo una lucha por el terreno, sino por el alma de una nación.

En el momento en el que los aliados y las potencias centrales se enfrentaron en Verdún, la guerra llevaba desarrollándose durante casi dos años, sin que pudiera vislumbrarse ningún resultado final. La batalla la concibió y planificó el jefe del Estado Mayor del ejército alemán, el general Erick von Falkenhayn, con el objetivo de obtener la victoria definitiva en el frente occidental. En diciembre de 1915, von Falkenhayn envió una extensa carta al káiser Guillermo II, emperador de Alemania y rey de Prusia, así como jefe nominal de las Fuerzas Armadas de Alemania. En ella le explicaba su plan, indicando que la única forma de obtener la victoria total sobre los aliados era destrozar al ejército francés. Le expresaba su opinión de que, aunque Gran Bretaña era la más formidable de las potencias aliadas, no se le podía atacar de forma directa, y sus posiciones en el Somme no les permitían una ofensiva frontal a gran escala. Así, von Falkenhayn argumentaba que la mejor oportunidad de obtener una victoria decisiva llegaría a principios de 1916, y pretendía utilizar la fortaleza del ejército alemán para aplastar a la 96 División francesa antes de que fuera reforzada por tropas británicas.

Al concebir su plan de batalla, von Falkenhayn escogió Verdún tras estudiar la situación a conciencia, pues no solo quería derrotar a los franceses sino minarlos física y moralmente. Por eso decidió que la caída de la antigua e histórica ciudad amurallada supondría un puñetazo encima de la mesa, y pensaba que la clave para derrotar a Francia no solo consistía en romper sus líneas sino también en atacar un objetivo que los franceses se sintieran obligados a defender hasta sus últimas consecuencias. La legendaria ciudadela de Verdún, a orillas del Mosa, le ofrecía además exactamente lo que buscaba desde un punto de vista estratégico: un punto que sobresalía de la línea de defensa francesa.

Verdún era una ciudadela de inmensa importancia nacional para Francia, y que había jugado un papel crucial en la defensa del país a lo largo de los siglos. Tras la guerra franco-prusiana de 1870, los franceses construyeron una cadena de defensas a lo largo de la frontera con Alemania, y Verdún era el eslabón más septentrional de dicha cadena. La caída de Verdún no solo significaría una desventaja estratégica para Francia, sino que también supondría un enorme golpe psicológico y moral para el país galo. Basándose en sus conocimientos de la historia de Francia, von Falkenhayn pensaba que, si amenazaba Verdún con un modesto contingente de nueve divisiones, arrastraría a la zona al grueso del ejército francés con el objeto de defender la plaza, y así estaría en condiciones de utilizar la artillería pesada para machacarlo desde tres zonas distintas.

El plan de ataque de von Falkenhayn era relativamente simple. Los alemanes tenían que hacerse con una amplia zona de terreno elevado y después utilizar más de mil doscientas piezas de artillería para lanzar ataques continuos, causando poco a poco una tremenda destrucción. Así, además, lograría minimizar la exposición a la batalla de la infantería alemana, limitando el número de bajas. El objetivo final del general alemán era desangrar por completo a Francia en su intento de defender el símbolo de Verdún. Su Alteza Real el príncipe Guillermo, hijo mayor del káiser y de la emperatriz Augusta y heredero del Imperio, fue el elegido para liderar las fuerzas alemanas en la batalla de Verdún.

El bombardeo de la ciudad comenzó al alba del veintiuno de febrero de 1916, marcando el inicio de una batalla que duró trescientos tres días y que convirtió todo el paisaje circundante en un caótico infierno. Los cañones alemanes de 380 milímetros abrieron fuego con una intensidad sin precedentes, y durante diez horas sin parar. El frente occidental, absolutamente saturado de bombas, no había experimentado nada parecido hasta entonces, pese a que cientos de piezas de artillería y de morteros alemanes habían mostrado ya su tremenda capacidad de fuego en las trincheras.

Al final del primer día, los alemanes habían ocupado el bosque de Haumont, rompiendo las líneas francesas. Al día siguiente el pueblo de Haumont fue destrozado por el fuego de artillería y el veintitrés de febrero los pueblos de Brabant, Wavrille y Samogneux habían caído en manos alemanas. En solo tres días, los alemanes habían roto la primera línea defensiva francesa, que había sufrido miles de bajas. El veinticuatro de febrero los alemanes tomaron Beaumont, Bois des Fosses y Bois des Cuarieres, y avanzaban hacia Douaumont. En solo cinco días de batalla los alemanes tomaron Fort Douaumont, la fortaleza más grande y alta de las diecinueve que protegían Verdún. En ese momento, la batalla parecía decantarse claramente del lado germano, y los franceses sufrían una gran presión. No obstante, decidieron defender Verdún a toda costa. Muy pronto, ambos bandos se vieron obligados de nuevo a permanecer en sus respectivas trincheras, y la batalla comenzó a desarrollarse por los mismos y conocidos derroteros de las ya libradas hasta entonces en la Gran Guerra. Para empeorar las cosas, a lo largo de los meses de marzo y abril no paró de caer una intensa lluvia, que convirtió el campo de batalla en un cenagal. Los soldados comían y dormían junto a cuerpos en descomposición, y la batalla fue derivando hacia una auténtica carnicería.

Tras la caída de Douaumont, Joffre fue reemplazado por otro general, Philippe Pétain, que movilizó al Segundo Ejército francés al completo para luchar en Verdún. Su primera decisión fue no trasladar a sus tropas a las trincheras del frente, bastante vulnerables, y organizarlas para defender una serie de puntos fuertes escalonados. Hacía rotar las unidades de primera línea con mucha frecuencia, asegurándose así de que los soldados no permanecieran un tiempo excesivo en el sangriento frente de combate. Otra decisión importante fue el traslado de muchas piezas de artillería a la ciudad, para así someter a los alemanes al mismo y tremendo nivel de fuego con el que ellos iniciaron el ataque, y con casi idéntica continuidad. La batalla de Verdún continuaba mes tras mes sin que ninguno de los contendientes fuera capaz de transformar los pequeños éxitos que lograban de vez en cuando en puntos concretos en el camino hacia la victoria. En realidad, todo estaba en punto muerto, con un continuo y sangriento devenir de ataques y contraataques. Los alemanes tomaban un día algunos pueblos, pero poco tiempo después volvían a perderlos.

A finales de mayo de 1916, sin que se pudiera vislumbrar un final en Verdún, Joseph Joffre se reunió con sir Douglas Haig, comandante en jefe de las fuerzas británicas, a las que se les había encargado la planificación de la batalla del Somme después de que los franceses se vieran forzados a centrar todos sus desvelos en la defensa de Verdún. Joffre instó a Haig a adelantar la fecha de la ofensiva prevista en el Somme. En un principio, Haig se resistió. Su plan era lanzar el ataque a mediados de agosto, y no quería cambiarlo. Pero Joffre argumentó que existía la posibilidad de que, para esas fechas, el ejército francés simplemente ya no existiera. Finalmente, Haig aceptó a regañadientes adelantar el ataque para primeros de julio.

Precisamente tras la caída de Fort Vaux en el frente de Verdún, a primeros de junio, se desató la primera ofensiva de las tropas aliadas contra los alemanes. En el frente oriental, el general Aleksei Brusilov, al mando del octavo ejército ruso, atacó a los austrohúngaros con cuarenta divisiones, y al principio cosechó varias victorias espectaculares. Ese movimiento forzó a Erich von Falkenhayn a trasladar tropas desde Verdún para ayudar a sus débiles aliados, lo cual supuso un gran y muy necesario alivio para los defensores de Verdún. El veinticuatro de junio se pudo escuchar incluso en el mismo Verdún el lejano retumbar de la artillería pesada británica: se estaba iniciando el bombardeo preliminar sobre el Somme por parte del general Haig. Duraría cinco días. El objetivo estratégico básico de la ofensiva del Somme era aliviar la presión sobre las tropas francesas de Verdún y, en el proceso, eliminar al mayor número posible de soldados alemanes.

Capítulo 3 – Comienza la batalla del Somme

El pintoresco río Somme dibuja amplios meandros a lo largo de un valle llano ancho y pantanoso. La hierba crece sobre las orillas, ligeramente inclinadas, y algunos árboles salpican el paisaje. Hoy en día vuelve a ser un bonito lugar, casi idílico, pero en el verano de 1916 se convirtió en una zona caótica y absolutamente destrozada, carente del menor atisbo de belleza natural. El único punto elevado, en manos de los alemanes, iba de Thiepval a Guillemont, y su dominio aportaba una enorme ventaja estratégica, pues permitía observar los movimientos de las tropas británicas. Además, los alemanes disponían de magníficas y complejas fortificaciones, con refugios y amplios dormitorios excavados hasta doce metros bajo la superficie, completamente a salvo de los bombardeos británicos, pese a su potencia. Paradójicamente, los británicos eran en parte responsables de esas magníficas defensas alemanas, ya que sus repetidos ataques de castigo a las líneas alemanas, bien con fuego de artillería o bien mediante ametrallamientos desde aviones en vuelo rasante, forzaron a sus enemigos a cavar trincheras muy profundas y a reforzar las fortificaciones.

El plan inicial de la batalla del Somme, propuesto por los franceses en la reunión de Chantilly de 1915, planteaba que el ejército francés liderara una ofensiva franco-británica contra ambas orillas del río. Los franceses aportarían la fuerza de combate más importante, con el apoyo del cuarto ejército de las fuerzas expedicionarias británicas. No obstante, cuando los alemanes atacaron Verdún, los franceses se vieron obligados a enviar a la mayor parte de sus divisiones en defensa de la histórica ciudadela, por lo que el ataque sobre el Somme quedó al mando del general sir Douglas Haig. El plan de Haig consistía en utilizar el grueso del ejército británico para romper la zona central de las líneas alemanas, mientras los franceses realizarían ataques aleatorios para intentar atraer la atención de los alemanes y debilitarlos. La contribución francesa a la ofensiva del Somme había pasado de las cuarenta divisiones previstas a solo dieciséis, y el primer día de la ofensiva participaron cinco. Según el nuevo plan de ataque, el general Henry Rawlinson, comandante en jefe del cuarto ejército británico recibió la orden de arrebatar la zona elevada del terreno a los alemanes, lo cual significaba que tendrían que luchar desde una posición de total desventaja. El sexto ejército francés, al mando del general Fayolle, tendría la suerte de luchar en un terreno plano, a lo largo de las orillas del río.

El general Haig habría preferido esperar a agosto para lanzar el ataque, pero la ofensiva de los alemanes contra Verdún forzó a los aliados a precipitar las cosas, lo cual tuvo unas consecuencias desastrosas para los ingleses. Desde el comienzo de la guerra, era la primera vez que el ejército británico se veía obligado a asumir la responsabilidad clave de una ofensiva en el frente occidental, y lo cierto es que no estaba preparado para ello. Al comienzo de la guerra, el ejército británico era mucho menos numeroso que el alemán y el francés, y estaba formado por un cuarto de millón de hombres procedentes de todos los rincones del imperio. Por el contrario, el ejército francés estaba formado por más de un millón de hombres, la mayoría de ellos experimentados; por su parte, los alemanes disponían de más de dos millones de soldados. Sin embargo, gracias a una política de reclutamiento bastante eficaz, los británicos habían ampliado sus fuerzas hasta el millón y medio de hombres. No obstante, no se trataba de una maquinaria de guerra experta y bien engrasada. El crecimiento había sido tan rápido que la mayoría de sus hombres eran reclutas sin la más mínima experiencia y escaso adiestramiento militar. Por otra parte, se los había entrenado para avanzar en formación rígida, mediante líneas rectas separadas por dos o tres pasos de distancia entre cada una. Sus oficiales no tenían la suficiente confianza en sus hombres como para ordenarles maniobras más sofisticadas; además, los granjeros locales británicos no permitieron el uso de sus tierras para realizar ejercicios militares sobre terrenos menos abiertos. Los reclutas británicos no sabían cómo moverse bajo el fuego enemigo, como buscar zonas resguardadas ni como reaccionar cuando el suboficial o el oficial al mando resultaba muerto o herido, lo cual era bastante habitual en este tipo de batallas. Y para terminar de empeorar las cosas, la falta de experiencia no solo afectaba a los soldados rasos: el ejército inglés apenas contaba con oficiales y suboficiales experimentados. En cualquier caso, aunque a todos les faltaba experiencia, les sobraba entusiasmo.

Once de las divisiones de la primera oleada de la batalla del Somme eran o bien reservistas, es decir, voluntarios que tenían formación e incluso hasta alguna experiencia militar, o bien miembros del denominado "nuevo ejército" de Herbert Kitchener, formado en 1914 exclusivamente por voluntarios, cuya acción más importante tuvo lugar en la batalla de Loos. Uno de los batallones tenía únicamente tres oficiales, de los que uno era sordo, otro tenía una pierna rota y el tercero tenía sesenta y tres años de edad y previamente se había retirado del servicio tras la guerra de los Boers, pero en 1915 atendió la nueva llamada de su rey y de su patria... Ese era el tipo de oficiales que podían encontrase en el "nuevo ejército".

Mientras los británicos preparaban la batalla del Somme, los alemanes estaban haciendo lo mismo. Sabían que los británicos estaban planificando un gran ataque, y estaban tan seguros de que tendría lugar en el Somme que ensayaron una y otra vez el traslado de los cañones a los refugios para después llevarlos de vuelta a toda velocidad a las posiciones de defensa. En el momento en el que dio comienzo la batalla, los alemanes eran capaces de trasladar los cañones a la posición defensiva en tres minutos, lo cual les daba un amplio margen para establecer sus líneas de defensa durante el intervalo en el comenzaba el movimiento de tropas británicas y la llegada de las primeras oleadas de la infantería.

La artillería británica machacó sin descanso durante cinco días las líneas alemanas. Se trató de un bombardeo con una intensidad sin precedentes en la guerra, pero el fuego británico no fue tan efectivo como ellos esperaban. Es cierto que muchas zonas de trincheras alemanas fueron literalmente eliminadas, pero abajo, en los refugios, el cuerpo principal de la defensa aguardaba el fin del tremendo bombardeo sin sufrir daños. Pero lo peor de todo fue que el intenso fuego no logró acabar con las defensas terrestres de alambre de espino que tendrían que atravesar los soldados británicos en su avance. La mañana del primero de julio la artillería pesada británica cesó en su bombardeo, y las tropas de ambas primeras líneas se quedaron esperando a que comenzara el asalto.

Capítulo 4 – El día Z

En la terminología militar, la expresión "hora cero" (*Zero Hour* en inglés) se refiere al momento exacto en el que se ha previsto lanzar un ataque planificado de antemano, y el "día Z" es la fecha escogida para iniciar la acción ofensiva. En la historia militar británica hay un día Z y una hora cero que sobresalen por encima de todas las demás: las siete y media de la mañana del día uno de julio de 1916. Ese aciago día marcó el comienzo de una de las batallas más sangrientas de la Primera Guerra Mundial, ciento cuarenta días de lucha sin tregua (del uno de julio al 18 de noviembre de 1916) a lo largo de una línea de cuarenta kilómetros en las dos orillas del río Somme. Allí, en ese embarrado campo de batalla, lucharon unos tres millones de hombres, de los que más de un millón resultaron muertos o heridos.

A las siete y media del uno de julio de 1916 catorce divisiones del cuarto ejército británico, que incluía la tercera, la octava, la décima, la decimotercera y la decimoquinta, junto a otras cinco del ejército francés, todas bajo el mando del general Ferdinand Foch, lanzaron un ataque contra el segundo ejército alemán. Eran unos cien mil soldados a ritmo de marcha. Cada soldado llevaba una mochila a la espalda con botellas de agua, un par de calcetines, dos máscaras de gas, la ración de comida para un día, escudillas y ropa de campaña, además del rifle que cargaba en la mano. También transportaban la bayoneta y doscientas veinte balas. Algunos también llevaban granadas de mano o bombas de mortero. El peso mínimo era de treinta kilos, y el máximo de cuarenta.

Cuando Haig ordenó a sus hombres atacar las líneas enemigas confiaba en que el intensísimo bombardeo aliado hubiera destrozado las defensas alemanas, abriendo huecos en el alambre de espino, permitiendo así un avance rápido y una ocupación inmediata de la línea de trincheras germana. Sin embargo, los británicos habían sobreestimado la capacidad destructiva del bombardeo, que ni de lejos había logrado sus objetivos. Lo cual significó que ese primer día de batalla en el Somme constituyó un desastre sin paliativos para el ejército británico.

Los alemanes habían esperado con paciencia el fin del bombardeo, bien escondidos en sus profundos refugios subterráneos, y las bombas aliadas habían caído demasiado desperdigadas como para poder destruir los refugios, o ni siquiera romper las alambradas. Mientras los soldados aliados avanzaban, los alemanes contraatacaron con fuego de artillería, lanzado por los cañones que habían puesto a buen recaudo en los refugios y trasladado a la línea de defensa en escasos minutos. El resultado fue una inmensa carnicería en la infantería británica.

Mientras los fusileros reales avanzaban por tierra de nadie veían los cuerpos destrozados de sus camaradas, muchos de ellos colgando del alambre de espino que protegía las trincheras. En una de las zonas de ataque, el comandante de la división envió brigada tras brigada, y el batallón se vio tan obstaculizado por los muertos, los moribundos y los heridos que físicamente fue incapaz de avanzar. En Beaumont-Hamel, el ataque de los voluntarios de Terranova fue extremadamente vigoroso y valiente, pero solo ganaron la gloria de ese valor: en cuestión de minutos, setecientos diez hombres cayeron en el campo de batalla. Pero esa no fue la única tragedia para los aliados en la zona de Beaumont-Hamel. Desconociendo que la zona defensiva alemana de Heidenkopf ya había sido tomada, la segunda oleada de la ofensiva británica atacó a sus propios camaradas. A primera hora de la tarde, la 31 División del ejército británico había perdido tres mil seiscientos hombres, entre soldados y mandos. Cerca de ellos, la 29 División, que acababa de regresar del infierno de Gallipolli, tenía la nada envidiable misión de ocupar una zona de defensa alemana, el puesto de Hawthorn Ridge, tras la detonación de una mina. Sin embargo, la mina explotó diez minutos antes de la hora cero para que no pusiera en peligro la vida de los soldados aliados, lo que dio a los alemanes mucho tiempo para volver a ocupar el cráter dejado por la explosión antes de que los soldados británicos lanzaran el ataque. El desastre fue total para los aliados.

La Infantería Ligera de las Highlands escocesas entró en combate al sonido de sus gaitas, y tomó con suma facilidad la primera línea de trincheras alemanas, pero inmediatamente después fue machacada por los cañones y morteros alemanes, que se habían ocultado unos metros más atrás. En menos de una hora, la mitad de los soldados escoceses habían resultado muertos o heridos, y el ataque fue cortado de raíz. La 36 División también pensó que tenía la victoria al alcance de la mano, pero debido al alto número de bajas sufridas, cuando llegaron al puesto de Schwaben, un importante punto fuerte defensivo alemán, no quedaba ningún oficial en condiciones de tomar el mando y consolidar el éxito del avance. Las comunicaciones con los puestos de mando de la retaguardia estaban completamente interrumpidas, y los mensajeros no daban abasto para transmitir las nuevas órdenes. En la brigada de reserva que se envió para reforzar la 36 División no había oficiales; los soldados avanzaron demasiado deprisa, y recibieron las bombas de su propia artillería, que acabó con la vida o dejó heridos a casi dos tercios del total. Otro de los cuerpos del ejército que sufrió muchísimas bajas fue la Octava División, y sin apenas conseguir ningún objetivo militar. Nada menos que mil novecientos veintisiete oficiales y soldados resultaron muertos, y el Segundo Batallón de Middlesex perdió a veintidós oficiales y a seiscientos un hombres. Durante todo el asalto británico, solo el

Cuerpo 13 del ejército consiguió un éxito notable, pues lograron hacerse con el cuartel general del Regimiento 52 del ejército alemán.

Describir el primer día de la batalla del Somme como una catástrofe para los aliados, y sobre todo para los británicos, es quedarse muy corto. Al caer la noche del uno de julio de 1916, solo la Octava División había perdido catorce mil hombres, entre mandos y soldados, sin lograr ninguno de sus objetivos militares ni romper las líneas alemanas en ningún punto. Esa situación devastadora y sangrienta se repitió con las divisiones 3, 10 y parte de la 15. Las bajas totales de los británicos se acercaron a las sesenta mil, de las cuales casi veinte mil fueron fallecidos. El número de bajas en solo un día superó a la suma de las sufridas en las guerras de los Boers, Crimea y de Corea, lo que convirtió al uno de julio de 1916 en la fecha más sangrienta de la historia del ejército británico.

Afortunadamente para los aliados en su conjunto, los franceses, que habían aprendido varias lecciones de lo más dolorosas en Verdún, tuvieron algo más de suerte ese día en el Somme. El sexto ejército francés consiguió infligir un serio correctivo a los alemanes, causándoles miles de bajas, mientras las propias fueron de solo mil quinientas. El terreno por el que tuvo que avanzar el ejército galo era mucho más favorable que el de los británicos, y las defensas alemanas era más débiles. Por otra parte, la artillería francesa era bastante más potente, y sí que causó daños en las fortificaciones alemanas. Finalmente, la infantería gala era mucho más experimentada, y avanzó de forma más hábil y flexible. A primeras horas de la tarde, las tropas de Fayolle habían hecho seis mil prisioneros y destruido toda la artillería del 121 ejército alemán. De hecho, estuvieron a punto de romper la línea defensiva germana. Desgraciadamente para los aliados, debido a las enormes pérdidas sufridas por los británicos, no hubo forma de aprovechar los éxitos logrados por los franceses, que pronto quedaron en nada: los alemanes reemplazaron casi de inmediato los cañones que habían sido destruidos. Al final del primer día de batalla, se negociaron varias treguas para que ambas partes pudieran recobrar sus muertos de tierra de nadie.

Pese a tan horrendo principio de campaña en el Somme, Douglas Haig continuó con la ofensiva, y el tres de julio ordenó a Rawlinson que volviera a atacar, intentando sacar partido al limitado éxito logrado en el sector sur. Pero en ese momento faltaba munición, y las pérdidas del primer día habían reducido enormemente la fuerza necesaria para otro ataque. Los británicos se limitaron a realizar pequeños ataques durante un periodo de dos semanas, pero se lograron pocos progresos y a costa de grandes pérdidas. Muy pronto, la batalla del Somme, como muchas otras de la Primera Guerra Mundial, se convirtió en un largo y sangriento callejón sin salida, que solo servía para el mutuo desgaste. La única ventaja general para los aliados fue que los continuos ataques de las tropas inglesas metieron presión a los alemanes y eso les forzó a sacar tropas y artillería de Verdún para llevarlas al Somme.

Capítulo 5 – Las batallas del Somme

La batalla del Somme, que a veces también recibe el nombre más adecuado de "Ofensiva del Somme", no solo fue ese enfrentamiento interminable que se libró en las orillas del río del mismo nombre. También consistió en un conjunto de batallas libradas en los alrededores destinadas a controlar los bosques, las crestas y los pueblos, y que transformaron por completo el paisaje de la región. El frente partía a unos seis kilómetros al este del pueblo de Albert, a lo largo del río Ancre, y continuaba por la orilla norte del río Somme, en la que apenas había arbolado. Lo cierto es que la zona apenas tenía valor estratégico para ninguno de los dos bandos, pero los aliados la escogieron porque era el punto en el que se juntaban las líneas de batalla francesa y británica.

La batalla de Albert (del uno al trece de julio)

La batalla de Albert se desarrolló durante las dos primeras semanas de la ofensiva del Somme. Los aliados atacaron la orilla izquierda del río, desde Foucaucourt-en-Santerre al Somme, y también la derecha, desde el río hasta Gommecourt. El Sexto Ejército francés y el flanco derecho del cuarto ejército británico lograron infligir un terrible número de bajas al segundo ejército alemán. Pero también es cierto que desde la carretera de Albert a Bapaume hasta Gommecourt, el ataque británico constituyó un desastre sin paliativos. De hecho, prácticamente todas las bajas británicas de aquel fatídico día se produjeron en esa zona. Tras el primer ataque aliado, la batalla siguió desarrollándose durante dos semanas sin que ninguno de los dos bandos ganara terreno de forma significativa. Tanto los aliados como los alemanes estaban muy mal organizados, y los refuerzos entraban en combate prácticamente según iban llegando, sin apenas preparación. Por otra parte, apenas hubo apoyo de artillería, y, de hecho, esta produjo bastantes bajas en las tropas propias.

Era la primera vez que se utilizaba una cortina de fuego de tales características en la Primera Guerra Mundial, y la verdad es que inicialmente no tuvo éxito. Este sistema de ataque fue un intento de darle la vuelta a la ineficacia de los bombardeos preliminares que se lanzaban en la guerra de trincheras, haciendo uso de artillería pesada que se colocaba inmediatamente por delante de la infantería. Con el tiempo, los aliados desarrollaron un sistema mediante el cual los cañones eran capaces de avanzar unos cincuenta metros por minuto. La cortina de fuego tenía sus desventajas, que quedaron muy patentes el primer día de la batalla del Somme. Los objetivos y los tiempos de los bombardeos tenían que decidirse con bastante antelación, y apenas había posibilidad de corregirlos una vez comenzado el ataque. Ese primer día, la infantería avanzó más despacio de lo previsto, y el intervalo entre el intenso bombardeo y el ataque de la infantería fue lo suficientemente amplio como para que los alemanes pudieran volver a sus posiciones antes de que la infantería pudiese alcanzar sus primeras líneas defensivas. Durante esta intensa lucha, las bajas británicas fueron de dos mil ochenta y tres hombres al día.

La batalla de Bazentin (del catorce al diecisiete de julio)

El catorce de julio el decimocuarto ejército británico, al mando del general Henry Rawlinson, atacó al segundo ejército alemán desde el bosque de Delville en sentido oeste, hacia el bosque de Bazentin-le-Petit. Rawlinson había decidido cambiar la táctica atacando de noche para intentar sorprender a los alemanes y así romper el *statu quo*. Como en otros ataques, hubo un bombardeo sobre las líneas enemigas, y al mismo tiempo los soldados británicos se juntaron en tierra de nadie, preparándose para lanzar el ataque masivo. Lo cierto es que dicho ataque sí que pilló por sorpresa a los alemanes, y Rawlinson consiguió abrir brecha y establecer un saliente[1] de casi seis kilómetros y medio de ancho y de unos cien metros de profundidad, que logró romper la segunda línea de defensa germana. Gracias a ello, los aliados penetraron en territorio enemigo y tomaron el pueblo de Longueval.

Por la tarde, la infantería atacó High Wood, pero la caballería de apoyo no fue capaz de moverse con soltura debido a que el terreno estaba absolutamente impracticable, lleno de trincheras abandonadas y de cráteres producidos por las bombas, por lo que su avance fue extremadamente lento. Si hubieran podido moverse con más rapidez, las tropas aliadas habrían entrado en el bosque sin oposición, pero cuando la séptima división lanzó la ofensiva sobre High Wood, los alemanes ya habían organizado sus defensas. Finalmente, la caballería logró sobrepasar a los alemanes, gracias en parte a la ayuda de un aeroplano de observación con capacidad artillera, que disparó contra el enemigo con una ametralladora Lewis[2]. No obstante, la victoria aliada no dio los frutos que hubiera debido a causa de los problemas de comunicación y la falta de reflejos del mando británico para actuar de forma rápida y decisiva, lo que permitió recuperarse al segundo ejército alemán y lanzar un contraataque.

[1] *Un "saliente", en términos militares, en un trozo de terreno o un grupo de fortificaciones que forma un ángulo y se proyecta en terreno enemigo. Esto significa que las tropas que lo ocupan están prácticamente rodeadas de enemigos, por lo que su situación es extremadamente vulnerable en el campo de batalla.*

[2] *La ametralladora Lewis, con su característica forma cilíndrica y el cargador de cacerola montado en la parte superior, es probablemente el arma clásica más conocida del mundo. La diseñó un soldado*

americano llamado Isaac Newton Lewis, basándose en un arma diseñada originalmente por Samuel Maclean, pero mejorándola extraordinariamente. En un principio el ejército americano no se interesó por ella, así que le vendió el diseño primero al ejército belga y después a los británicos y franceses. Los americanos también invirtieron en la ametralladora Lewis cuando se decidieron a intervenir en la Primera Guerra Mundial. La fabricación a gran escala del arma se llevó a cabo en las instalaciones de la compañía Birmingham Small Arms Company, con base en la mencionada ciudad inglesa. La ametralladora se utilizó ampliamente en las dos guerras mundiales del siglo XX.

La batalla de Fromelles

En la batalla de Fromelles, los soldados recién llegados de la Quinta División australiana lucharon junto con los británicos de la 61 División, lo cual significó el brutal bautismo de sangre de Australia en el frente occidental, un tremendo desastre que no soporta la más mínima justificación táctica ni estratégica. En la mañana del 19 de julio de 1916, los valerosos antípodas atacaron una posición alemana extraordinariamente fortificada cercana a la garganta de Aubers, cerca de Flanders. El objetivo era desbordar aproximadamente tres kilómetros y medio de terreno en el frente de batalla. El ataque se realizó a plena luz del día, alrededor de las seis de la tarde, cuando en esa época del año el sol se pone sobre las nueve; fue a campo abierto y bajo el inmisericorde fuego enemigo, tanto de armas ligeras como de artillería. Lógicamente, la carga resultó un desastre desde el primer momento. Los alemanes, sabiendo que las tropas aliadas iban a lanzar un ataque inminente debido al bombardeo de preparación que había comenzado la mañana del 16 de julio, pudieron observar sin dificultad los movimientos de tropas y la construcción de las trincheras de comunicación, por lo que lanzaron un bombardeo muy preciso y eficaz que produjo cientos de bajas antes incluso del comienzo de la batalla.

El ataque en sí mismo tampoco fue mucho mejor. Los alemanes habían sobrevivido al fuego de la artillería aliada retirándose de su línea más avanzada y esperando, protegidos en los refugios subterráneos para no ser alcanzados por las explosiones. Cuando la cortina de fuego cesó, volvieron a avanzar y esperaron el asalto de la infantería con las armas preparadas. La primera oleada de australianos fue rechazada con facilidad por el fuego de la artillería, que dejó la tierra de nadie sembrada de cadáveres. En solo quince minutos los alemanes habían diezmado la Quinta División australiana, obligando a detenerse a los supervivientes allí donde pudieron y deteniendo su carga a unos noventa metros de la primera línea de fusileros. Las tropas británicas que atacaron al sur de los australianos sufrieron una suerte similar, y no lograron progresar en absoluto. Los británicos se habían planteado un segundo ataque sobre las líneas alemanas, pero en el último minuto lo abortaron. Por desgracia para los australianos, la orden de interrumpir el ataque no les llegó a tiempo, por lo que sí que lanzaron una segunda oleada. Y esta vez tuvieron éxito y desbordaron la línea defensiva germana, pero tuvieron que retirarse por falta de apoyo.

En la batalla de Fromelles, los australianos sufrieron unas cinco mil quinientas bajas en un solo día y, desde entonces, muchos en Australia consideran que ese acontecimiento fue el más trágico de toda la historia militar del país. El general de brigada H. E. "Pompey" Elliot describió la batalla como un "aborto táctico". Unos dos años más tarde, tras la firma del armisticio, el corresponsal de guerra australiano Charles Bean escribió lo siguiente: «Encontramos la antigua tierra de nadie atestada con los restos de nuestros hombres... las calaveras, los huesos sueltos y los restos de uniformes yacían por todas partes».

La batalla del bosque de Delville (catorce de julio al quince de septiembre)

Durante seis días y cinco noches, la Primera Brigada de Sudáfrica, adjunta a la Novena División de Escocia, luchó valientemente contra los alemanes para mantener el bosque de Delville, a unos catorce kilómetros de Albert. Se trataba de una zona casi rodeada de fuerzas enemigas sobre la que los alemanes no paraban de lanzar fuego de artillería desde tres puntos distintos. La zona fue después bautizada por los británicos que lucharon allí como "el Bosque del Diablo", haciendo un juego de palabras siniestro entre el nombre francés del bosque y el término en inglés para "diablo" ("*Delville*" y "*devil*"). Se trataba de una auténtica maraña de árboles, sobre todo carpes europeos, y de matorrales enraizados sobre el suelo arenoso de los bancos del río, y tenía una enorme importancia táctica. El control del bosque de Delville era esencial para asegurar la toma del pueblo de Longueval y, desde allí continuar el avance hacia Flers.

El quince de julio, la Primera Brigada de Sudáfrica entró en el bosque y logró desalojar a las tropas alemanas de la parte meridional. Por la noche ya se habían hecho con el control de casi todo el enclave y luchaban con fiereza para mantener las posiciones duramente ganadas. Estaba claro que los germanos concedían una gran importancia al control de aquel lugar estratégico, dada la fiereza de su contraataque y el tremendo bombardeo al que sometió a las fuerzas aliadas, llegando a lanzar hasta cuatrocientos proyectiles por minuto. Incluso cuando la dureza de la embestida alemana se unió a unas condiciones atmosféricas terribles, que convirtieron la escena de la batalla en poco menos que un lodazal, los soldados sudafricanos lucharon denodadamente para mantener sus posiciones. El catorce de julio el general Lukin recibió la orden de atacar el bosque de Delville. A las seis de la mañana del quince de julio de 1916, ciento veintiún oficiales y tres mil treinta y dos soldados de la Primera Brigada sudafricana, al mando del teniente coronel William Tanner se lanzaron a la lucha; cuando finalmente fueron relevados y el teniente coronel Thackeray, que había reemplazado a Tanner, herido en combate, salió del bosque al mando de sus tropas, solo quedaban ciento cuarenta y tres hombres. La batalla continuó hasta el quince de septiembre. Cuando los alemanes finalmente abandonaron el cerco, los árboles prácticamente habían desaparecido, y los aliados pudieron avanzar hacia Flers.

La batalla de Pozières (veintitrés de julio a siete de agosto)

Esta batalla se desarrolló en los alrededores del pueblo de Pozières, y gracias a ella los británicos lograron capturar la meseta situada al norte y al este del pueblo. Inicialmente era el general Rawlinson el encargado de dirigir este ataque, pero al final Haig encomendó el mando de la operación al general Hubert Gough, que lideró el ejército de reserva que hasta ese momento mantenía la parte norte de la carretera entre Albert y Bapaume. Tres divisiones que formaban parte de las fuerzas expedicionarias australianas estaban también al mando del general Gough. El plan de combate de Pozières implicaba el ataque al pueblo desde el sur, que se encargó a las fuerzas australianas, mientras que al norte de la carretera la 48 División del ejército británico atacaría las trincheras alemanas. Como preparación del ataque, los británicos bombardearon las líneas enemigas con artillería, y también con gases lacrimógenos y fosgeno (gas mostaza). La lucha comenzó el veintitrés de julio, y esa misma noche la mayor parte del pueblo ya había caído en manos de los australianos. Al día siguiente continuaron presionando con un ataque casa por casa y cuerpo a cuerpo, consolidando las posiciones ganadas y apoderándose de casi todo el pueblo. Dos días más tarde, todo Pozières estaba en manos aliadas. El ataque de la 48 División también logró su objetivo y tomó casi todas las trincheras alemanas, pero la zona principal de la ofensiva, entre Pozières y Guillemont resultó un fracaso.

El mando alemán ordenó recuperar el pueblo a cualquier precio, y concentró la mayor parte de su potencia artillera en los alrededores del mismo. Como resultado, el camino de acceso a Pozières por la zona occidental recibió el nombre de "la carretera del hombre muerto". El veinticinco de julio los alemanes intensificaron el bombardeo sobre el pueblo para preparar su contraataque, pero justo en ese momento el noveno ejército alemán reemplazó al cuarto, y su comandante en jefe canceló el ataque previsto inicialmente. No obstante, los australianos, pensando que el ataque era inminente, lanzaron un intenso bombardeo, lo que hizo pensar a su vez a los alemanes que los aliados iban a seguir avanzando, por lo cual volvieron a bombardear el pueblo. Finalmente, en la medianoche del jueves veintiséis de julio finalizaron los bombardeos, y cuando desapareció del aire el polvo causado por el caótico intercambio artillero, los aliados seguían manteniendo el control de Pozières. Los australianos habían conseguido tomarlo y retenerlo, pero a un coste tremendo, pues sufrieron nada menos que cinco mil doscientas ochenta y cinco bajas. Al final del verano de 1916, lo que había sido un precioso paisaje a lo largo de las orillas del río Somme no era más que un terreno completamente devastado por los cráteres que dejaron las explosiones y salpicados de ruinas de pueblos destruidos.

La batalla de Guillemont (tres al seis de septiembre)

Esta batalla se libró para capturar el pueblo de Guillemont. Las fechas indicadas pueden llevar a error, ya que Guillemont había estado en el flanco oriental de las líneas británicas desde mediados de julio, y el pueblo fue atacado sin éxito en agosto. En septiembre, la toma de Guillemont se había convertido en objetivo prioritario para los aliados, como parte de su plan para avanzar hacia Flers y Courcelette. El ataque comenzó el tres de septiembre, y la Decimotercera Brigada sufrió unas cuantiosas pérdidas tras el bombardeo alemán sobre los primeros batallones. No obstante, la 95 Brigada logró su objetivo de llegar hasta la línea este de Guillemont. El pueblo en sí había sido destrozado por los continuos bombardeos de la artillería, pero bajo los escombros aún quedaban unos cuantos búnkers alemanes; todo hubo de desalojarse casi casa por casa y en combates cuerpo a cuerpo. El avance por el este de Guillemont continuó durante tres días, hasta que el seis de septiembre los británicos llegaron a su objetivo, el bosque Leuze, y aseguraron sus posiciones antes de lanzar la siguiente fase del ataque en dirección a Flers y Courcette.

La batalla de Ginchy (9 de septiembre)

La batalla de Ginchy formó parte de la gran ofensiva de septiembre, y su principal objetivo fue proporcionar a los británicos una línea de frente más cercana a la principal línea de defensa alemana, que estaba situada al norte del pueblo de Ginchy. El pueblo fue atacado por la Decimosexta División del decimoquinto ejército, al mando del general Hickie, y esa fue la única parte del ataque que logró algún progreso. Las zonas de los alrededores debían ser atacadas por cuatro batallones de la 48 Brigada, apoyados por otros dos batallones de la 49, así como por algunos elementos sueltos del quinto ejército.

La hora cero del ataque eran las cinco menos cuarto de la tarde del nueve de septiembre, pero en el último momento se dio la orden de retrasar el ataque dos minutos para permitir un último bombardeo de las líneas alemanas. Aunque puede que no parezca demasiado tiempo, para muchos marcó la diferencia entre la vida y la muerte. En cualquier caso, esa orden de última hora solo la recibió la 47 Brigada, y mientras esperaba, el ataque de la 48 fue recibido por un intensísimo fuego defensivo alemán. Pese al caos, las fuerzas aliadas lograron ocupar Ginchy en una hora, pero a ambos lados del pueblo los germanos mantuvieron sus líneas.

La batalla de Flers-Courcelette (del quince al veintidós de septiembre)

El quince de septiembre de 2016 es un día muy significativo en la historia de los enfrentamientos bélicos, y no porque indique la fecha de una gran victoria alemana o aliada, sino porque ese día, en la batalla de Flers-Courcellete, los británicos estrenaron en el campo de batalla su nueva arma secreta, el tanque Mark 1. Fue el primer tanque utilizado en una guerra y esa novedad cambiaría por completo la forma de combatir del futuro. En cualquier caso, lo cierto es que no tuvo un efecto decisivo en la batalla del Somme.

Los tanques británicos se habían estado fabricando y perfeccionando en Norfolk, bajo un estricto secreto, tanto que hasta el nombre que se utilizó para el carro de combate tenía el objetivo de confundir al enemigo[1]. Al empezar la batalla del Somme los tanques todavía no se habían desarrollado por completo como máquinas de guerra, y sus inventores rogaron al ejército británico no desplegarlos hasta conseguir que fueran lo más fiables posible. Incluso el Primer Ministro británico, lord Asquith, pensaba que sería un error utilizar tanques en la batalla del Somme, pero Haig estaba decidido a llevar adelante el plan. De los cincuenta tanques iniciales, treinta y dos alcanzaron la zona de reunión y solo veinticuatro entraron en combate. Lo cierto es que su efectividad resultó ser muy limitada, pues varios se averiaron, otros quedaron empantanados y los demás fueron destruidos rápidamente durante la batalla. Al final del primer día de combate, todos los tanques se habían desperdigado o estaban destruidos o inutilizados, por lo que la esperanza de Haig de lograr una victoria rápida y decisiva en el Somme gracias a ellos se esfumó por completo.

La batalla de Flers-Courcelette fue la primera ofensiva a gran escala desde el primer y aciago día de la ofensiva del Somme, y en ella intervino el cuarto ejército de Rawlinson y parte del ejército de reserva de Gough. El plan era romper las líneas alemanas situadas al noreste de Flers, y a todas las tropas se les marcaron objetivos concretos a conseguir el primer día de batalla para lograr que la ofensiva tuviera éxito. Como ya era habitual, al ataque por tierra le precedió un bombardeo artillero muy intenso, en el que había un cañón móvil cada nueve metros y uno pesado cada veintiséis. Los aliados no tuvieron mucho éxito ese primer día de ofensiva, y pese al intenso fuego y el fiero ataque, apenas se lograron algunos de los objetivos previstos.

La 41 División recibió la orden de tomar el pueblo de Flers, y por ello se le asignaron la mayor parte de los tanques. Dicha división logró su objetivo bastante rápido, y uno de los tanques recorrió la calle principal del pueblo con las tropas de infantería siguiéndole, marcando así una nueva forma de plantear las batallas terrestres.

Pero, nada más atravesar el pueblo, el avance aliado fue abruptamente detenido por las líneas defensivas alemanas. Las fuerzas canadienses del ejército de reserva también cumplieron su objetivo y tomaron el pueblo de Courcelette el quince de septiembre.

Después de ese éxito parcial, el ataque se reanudó al día siguiente, pero con escasos avances. Durante los siguientes siete días de batalla los británicos se enzarzaron en varias operaciones a pequeña escala cuyo objetivo era consolidar el terreno ganado. El ataque de Flers-Courcelette tuvo más éxito para los británicos que el primer bombardeo de la batalla del Somme, pero al fin y a la postre, tampoco logró su objetivo principal, pues las líneas alemanas resistieron el ataque y no se rompieron.

1. Un tanque es un vehículo acorazado todoterreno que comenzó a utilizarse en la Primera Guerra Mundial en un intento aliado de sacar el frente occidental del punto muerto en el que se encontraba. Se diseñó para cruzar la zona cercana a las trincheras y romper las líneas enemigas. El término "tanque" fue utilizado por los británicos en los primeros momentos de su desarrollo para intentar confundir al espionaje alemán, además de porque el vehículo se parecía lejanamente a los tanques en los que se almacenaba el benceno. Cunado se transportaron a Francia, se los etiquetó como "tanques de agua" para intentar ocultar a los alemanes su verdadero objetivo.

Batalla de Morval (veinticinco al veintiocho de septiembre)

Tras el relativo éxito del ataque de Flers-Courceltte, el general Haig estaba absolutamente decidido a romper las líneas alemanas, lo que condujo a las batallas de Morval y Thiepval, que tuvieron lugar en septiembre. La batalla de Morval consistió en un ataque a los pueblos de Morval y Lesboeufs, al este de Flers-Courcelette. Dichos pueblos, defendidos por el primer ejército alemán, eran en realidad el objetivo final de la batalla anterior. El asalto a los pueblos no tenía otra intención que la de hostigar la línea defensiva alemana y distraerla mientras se producía el ataque del ejército de reserva en las crestas de Thiepval Ridge, a unos once kilómetros al oeste. La tarde del veinticuatro de septiembre los británicos desataron un feroz bombardeo que destruyó las trincheras alemanas y allanó el camino para el avance de la infantería del día siguiente. Los escasos tanques aliados que quedaban desarrollaron labores de apoyo, avanzando con la segunda oleada de la infantería y usandoo sus cañones contra los escasos puntos fuertes alemanes que habían sobrevivido al ataque de la primera oleada. Ayudadas por la continua cortina de fuego de la artillería pesada, las fuerzas británicas avanzaron pese al intenso fuego defensivo y lograron apoderarse de Morval y de Lesboeufs.

La batalla de Thiepval Ridge (veintiséis al veintiocho de septiembre)

La mañana del veintiséis de septiembre, el ejército de reserva británico al mando del general Hubert Gough lanzó el ataque a Thiepval Ridge, una fuerte posición defensiva alemana situada al norte del pueblo de Thiepval. El objetivo era asestar un golpe definitivo al segundo ejército alemán. Gough y Haig pensaba que dicha fuerza de combate alemana tenía la moral muy baja y se encontraba casi al borde del colapso. La posición, bastante montañosa, estaba muy bien defendida, e incluía los refugios de Schwaben, Stuff y Zollern. El ataque aliado empezó con tres días de bombardeo incesante de las defensas germanas, antes de que las infanterías canadiense y británica atacaran por tierra. Los alemanes recibieron a los soldados aliados con fortísimas descargas de artillería pesada y proyectiles, y además muchos de ellos se quedaron completamente al descubierto debido a que dos de los tanques destinados a atacar los refugios fortificados del enemigo, quedaron atrapados en los cráteres formados por el estallido de las bombas. La Decimoctava División británica, cuya misión era tomar el pueblo de Thiepval, también fue alcanzada por el bombardeo pesado de los cañones alemanes, situados en las ruinas del pueblo, y también por los del refugio Schwaben, pero siguió avanzando y, finalmente, su ataque resultó más fructífero que el de la zona montañosa. Una vez más, los tanques que acompañaron a la infantería no resultaron muy útiles, y uno de ellos quedó envuelto en llamas y terminó estallando al entrar en las ruinas del pueblo.

Ayudados por el bombardeo continuo de su artillería, al final del primer día de batalla las tropas inglesas terminaron tomando tanto el pueblo de Thiepval como su castillo, y finalmente el veintiocho de septiembre entraron en el refugio de Schwaben. Ganar y asegurar esas posiciones había costado casi otra semana de intensísimos bombardeos y ataques.

A finales de septiembre, la lluvia convirtió el campo de batalla del Somme en un barrizal impracticable y resbaladizo, pero los británicos no aflojaron en su presión, como si la lucha contra los elementos fuera tan importante como la batalla contra el enemigo. Pese a la toma de dos puntos de importancia estratégica como Morval y, finalmente, Thiepval Ridge, a finales de septiembre el esfuerzo aliado no había supuesto un avance realmente decisivo.

La batalla de Le Transloy (uno a veinte de octubre de 1916)

A finales de septiembre el tiempo empeoraba, y la constante lluvia convirtió las praderas de los alrededores del Somme en un lodazal lleno de cadáveres en descomposición. Un voluntario americano que luchaba en el ejército británico, R. Derby Homes, describió en su diario las condiciones del escenario del Somme: «La sola visión de los muertos es más que suficiente para producir horror... están por todas partes... Y en todos los estados de descomposición y mutilación que puedan imaginarse... Los cuerpos sin vida están dentro de las trincheras, y fuera de ellas, y colgando del alambre de espino o de los bordes... El hedor es indescriptible... Ese olor espantoso y nauseabundo que te golpea en la cara como si fuera algo tangible».

Después de la batalla de Flers-Courcelette las tropas aliadas se reagruparon y procuraron consolidar sus avances realizando pequeños ataques. La batalla de Le Transloy fue la última librada oficialmente por el cuarto ejército británico en el Somme. El bombardeo comenzó a las siete de la mañana desde toda la línea del frente del cuarto ejército, y la infantería atacó a las tres y cuarto de la tarde. La batalla fue muy parecida a todas las libradas anteriormente. Se consiguieron algunos de los objetivos planteados inicialmente por el mando, pero otros no, y en su conjunto la batalla no produjo un avance significativo. Una vez más, los tanques se vieron muy limitados por las condiciones, y aunque contribuyeron a que algunas brigadas lograran sus objetivos, al final quedaron bloqueados y los británicos tuvieron que abandonarlos. La batalla terminó el día veinte de octubre, y en la práctica no sirvió para casi nada.

La batalla de Ancre Heights (uno de octubre al once de noviembre)

La batalla de Ancre comenzó el uno de octubre, cuando las fuerzas expedicionarias canadienses situadas al norte de Courcelette intentaron sobrepasar la línea alemana del frente. El primer día los soldados solo lograron avanzar unos cuatrocientos metros, pero ni siquiera se acercaron a su objetivo inicial, la trinchera Regina, defendida por una brigada de la Infantería de Marina alemana. Esos mismos días se produjeron algunos ataques sobre distintos puntos del frente alemán, aunque el esfuerzo principal estaba previsto para el doce de octubre. Ese plan inicial hubo de posponerse debido al mal tiempo. El 15 de octubre el general Gough dio nuevas órdenes, que incluían la toma de Miramount, Serre, Pys, Irles y las crestas cercanas a Courcelette. No obstante, antes de que se lanzara el primer ataque, de nuevo el mal tiempo obligó a cancelar los planes; la fecha se pospuso hasta el uno de noviembre, después hasta el cinco y, al final, todo se suspendió indefinidamente. Al final de la ofensiva del Somme en su conjunto, el dieciocho de noviembre, solo se había conseguido uno de los objetivos, que consistió en la apertura parcial de las crestas cercanas a Courcelette.

La batalla del Ancre (del 13 al 18 de noviembre)

Esta batalla se libró entre el quinto ejército de Hubert Gough (inicialmente el ejército de reserva, pero que cambió de nombre a partir del treinta de octubre) y el primer ejército alemán, al mando de Fritz von Below. Fue el último de los ataques importantes británicos en el Somme. Se organizó para demostrar el compromiso británico con los Acuerdos de Chatilly de 1915, y también para intentar sofocar el creciente descontento político que se respiraba en Londres. El gobierno de Asquith estaba sufriendo mucha presión, debida a los continuos avatares negativos de la guerra: falta de armamento y munición, fracaso de la campaña naval en los Dardanelos, derrota aliada en Gallipolli y punto muerto en el frente occidental. Si los aliados lograban tomar Beaumont-Hamel y Serre, su devastador fracaso del comienzo de la batalla del Somme el primero de julio quizá pudiera contrarrestarse. La batalla del Ancre fue el mayor ataque en el sector británico desde septiembre, y fue precedido de un continuo bombardeo, que duró siete días. La intensidad y la duración prácticamente duplicaron las del bombardeo que precedió al desastroso ataque del uno de julio. En este caso, el bombardeo sí que consiguió su objetivo y destrozó la barrera de alambre de espino de la mayor parte del frente, así como muchos de los refugios defensivos superficiales de los alemanes. Pero, una vez más, los refugios más profundos y los que se hallaban bajo los pueblos cercanos al frente lo soportaron.

El doce de noviembre, la lluvia que llevaba cayendo durante días paró, y la luna llena iluminó el Somme. El amanecer del trece de noviembre, mientras los británicos se preparaban para el ataque, una densa niebla envolvió la zona, reduciendo la visibilidad y ayudando al avance británico, pero el barro impidió que este fuera rápido. Tres tanques salieron de Thiepval para apoyar el ataque aliado, pero uno quedó bloqueado en el barro, el segundo se estropeó y el tercero sí que alcanzó las líneas alemanas, pero chocó contra un búnker y quedó atrapado. El ataque tuvo un éxito parcial, pues Beaumnot-Hamel y Beaumont fueron tomados por los aliados, pero tanto Serre como la parte norte del frente alemán quedaron intactos.

Una vez más, el tiempo atmosférico jugó un papel crucial en el curso de la guerra, pues la lluvia continua que cayó los últimos meses de la batalla del Somme frenó los ataques de los aliados y ayudó a los defensores. Además, evitó el uso eficaz de los pocos tanques que no habían quedado inutilizados y dificultó extraordinariamente las comunicaciones entre el frente de combate y los puestos de mando. En noviembre, un soldado británico escribió: «Los cadáveres se amontonan en la parte de atrás de las trincheras, descomponiéndose con la humedad; de vez en cuando aparece un pie calzado con una bota asomando por la trinchera. El barro hace que sea imposible llegar a ella, y ahora me hundo hasta las rodillas y siento un terror inenarrable al pensar que no voy a ser capaz de moverme más, de salir de ahí... Es el auténtico límite de la supervivencia". Los soldados de ambos bandos estaban completamente exhaustos, y cada nueva batalla minaba aún más sus fuerzas y costaba más vidas.

El último ataque al Somme del dieciocho de noviembre se realizó en unas condiciones horrorosas. La lluvia y el aguanieve habían convertido el campo de batalla en una ciénaga, y todo se convirtió rápidamente en un auténtico caos. Finalmente, el mando británico comprendió la inutilidad de continuar con esa desastrosa campaña al darse cuenta de que jamás iban a conseguir el objetivo de sobrepasar las líneas alemanas, y la del Somme, como otras muchas batallas, se convirtió en un punto muerto más de la Primera Guerra Mundial. El general Haig fue obligado a detener la ofensiva. Tras ciento cuarenta y un días de lucha feroz, los aliados solo habían avanzado doce kilómetros, lo que les había costado solo a los británicos unos cuatrocientos veinte mil hombres. Los franceses sufrieron unas doscientas mil bajas, y cerca de cuatrocientos cincuenta mil alemanes resultaron muertos o heridos. Comunidades enteras perdieron toda una generación de hombres jóvenes, y en eso consistió el verdadero y absurdo sacrificio de la prometedora juventud de Europa.

Conclusión

El Somme dejó una huella indeleble en la historia de las naciones que lucharon a las orillas del sinuoso curso del río. Las consecuencias militares, sociales y políticas de la batalla del Somme fueron enormes, y de largo alcance. Durante esos ciento cuarenta y un días de horror se produjeron más de un millón de bajas, y a finales de noviembre los aliados solo se habían internado doce kilómetros en territorio enemigo. Kitchener creía con firmeza en las ventajas de la guerra de desgaste, pero a otros muchos les costaba enormemente justificar la pérdida de más de cincuenta y un mil hombres por cada kilómetro ganado.

Cuando en 1914 estalló la guerra, los jóvenes ingleses estaban deseando hacer lo que hiciera falta por su país y su rey, y en los primeros meses se alistaron en tropel. Casi todos esos voluntarios pertenecían a las clases medias y altas, estaban preparados y formados, pero no tenían la más mínima experiencia militar. Una generación entera de jóvenes prometedores, educados y patriotas corrieron en todos los pueblos del país hacia las oficinas de reclutamiento para alistarse juntos y constituyeron lo que se dio en llamar "los batallones de amigos" ("*Pals battalions*" en inglés).

El ejército británico en principio consideró que era una magnífica idea, pensando que aportaría a los batallones una identidad local y traería consigo una forma de luchar cohesionada, que daría sus frutos en las batallas. El primer batallón de amigos se constituyó en Liverpool, y muy pronto le siguieron otros en Manchester, Birmingham, Newcastle y muchas otras ciudades y pueblos del país. La 36 División que luchó en el Somme estaba formada fundamentalmente por protestantes procedentes del Ulster. Muchos de esos batallones tomaron parte en la batalla del Somme, y fue allí donde los mandos del ejército británico se dieron cuenta del enorme error que habían cometido con esa estrategia de agrupación de tropas: lo que lograron fue la desaparición de generaciones enteras de jóvenes de muchas ciudades y pueblos, cuya vida fue segada de raíz por los bombardeos y el fuego defensivo. El primer día de la batalla del Somme, quinientos ochenta y cinco hombres del batallón de Accrington, formado inicialmente por setecientos hombres, resultaron muertos o heridos en solo veinte minutos. Tras las devastadoras pérdidas humanas sufridas por tantas poblaciones británicas en la batalla del Somme, el Reino Unido cambió su política de agrupamiento y dejó de formar batallones basados en la amistad o la cercanía geográfica. Por otra parte, los soldados supervivientes de los batallones de amigos se repartieron en distintas unidades.

La del Somme fue también la primera batalla moderna en la que los tanques hicieron su aparición. Los ingleses utilizaron por primera vez su arma secreta en la batalla de Flers-Courcelette, y volvieron a utilizarlos en las de Morval, Thiepval Ridge, Transloy Ridges, Ancre Heights y Ancre. Pero no solo fue en el Somme donde los alemanes tuvieron que enfrentarse a esta nueva amenaza; una vez que los británicos los introdujeron, siguieron usándolos hasta el final de la guerra en 1918. Los tanques británicos entraron en acción en la segunda batalla del Somme y también en las batallas de Hamel, Moreuil, Amiens, Arras, el bosque de Mormal y algunas más.

Pocos pueden discutir que la batalla del Somme fue un desastre sin paliativos para los británicos, un altar en el que toda una generación de jóvenes británicos fue sacrificada a los dioses de la guerra. Tuvo un efecto muy profundo sobre el espíritu de toda la nación y su legado y nefasto recuerdo aún pervive en la memoria colectiva del pueblo británico. Fue una batalla trascendental en la historia de la guerra moderna, y sus lecciones no deberían olvidarse jamás. Conforme la Primera Guerra Mundial va diluyéndose en la memoria viva, es importante que las generaciones futuras entiendan lo que sus antepasados cercanos sacrificaron para asegurar la libertad.

La batalla del Somme debe recordarse en primer lugar por su brutalidad y su inutilidad, por el tremendo sufrimiento de los hombres que lucharon y murieron en los embarrados cráteres producidos por las bombas en un campo de batalla anegado, y por los millones de hombres que regresaron a sus países respectivos heridos y desfigurados; vivos, sí, pero luchando para ser capaces de seguir viviendo con tan horrorosos recuerdos. Algunos de ellos se recuperaron, al menos físicamente, pero muchos sufrieron secuelas de por vida, destrozados por los horrores que habían visto y vivido. Nunca lograron olvidarlos, y nosotros tampoco debemos hacerlo.

En los lugares donde se dejaron la vida tantos jóvenes, y tan valientes, se han construido memoriales, que son recuerdos permanentes del verdadero coste de la guerra y de lo que significa luchar por la patria y el rey, por el honor y la gloria. No obstante, las bajas de la batalla del Somme no se limitaron a los soldados caídos en el campo de batalla. Muchos historiadores piensan que los últimos rescoldos del idealismo británico se apagaron también en los campos de batalla del Somme. Para muchas de las colonias significó un golpe brutal, una especie de mayoría de edad en el que, ellas también, sacrificaron a sus jóvenes por los ideales del Imperio británico. No hay más que visitar el memorial de Sudáfrica en el bosque de Delville, o la esquina australiana del cementerio de Cromelles, para ver las aportaciones de los países de la Commonwealth a la batalla del Somme.

Y Alemania pagó también un precio muy alto. El capitán von Hentig, un oficial alemán, describió el Somme como «la tumba de barro del ejército de tierra alemán". Y un soldado anónimo del bando germano dijo esto acerca de la batalla: «La tragedia de la batalla del Somme consistió en que los mejores soldados, los más decididos y valientes, fueron los que murieron; sus números pueden reemplazarse, pero su valor espiritual no se recuperará jamás»[1]. Es absolutamente cierto que en esta ofensiva no hubo ningún vencedor.

La historia le ha pasado factura al general sir Douglas Haig por sus decisiones en el Somme. Fue duramente criticado por malgastar vidas y por arrojar a sus hombres contra trincheras muy bien defendidas en un desesperado intento por lograr algún tipo de victoria en el Somme. Después de la guerra, algunos medios y grupos hasta le llamaron "el carnicero del Somme". Pero lo cierto es que él tenía sus órdenes, y muy pocas opciones. Se esperaba de él que aliviara la presión sobre Verdún al precio que fuera. Y aunque la campaña del Somme se recuerda como inútil y absurda, no supuso una pérdida absoluta para los aliados. Pese a sus costes, de aquella devastación surgió un ejército británico mucho más profesional y eficaz, y gran parte de las tácticas puestas en práctica en el Somme, entre las que se incluyen los bombardeos intensos y el uso de los tanques, fueron la base del éxito final de los aliados en 1918. La batalla del Somme logró también otro importantísimo objetivo: aliviar la presión sobre el ejército francés en Verdún, para permitir a los aliados franceses defender su histórica ciudadela. Sin los sacrificios realizados por los británicos en la batalla del Somme, la Primera Guerra Mundial podría haber tenido un final muy distinto.

[1] *Museo Nacional del Ejército, batalla del Somme,*
https://www.nam.ac.uk/explore/battle-somme

Batallas que tuvieron lugar en el Somme en 1918

El final de la ofensiva del Somme en 1916 no significó que las luchas terminaran en esa zona. En 1918 se produjeron otras dos importantes batallas en las orillas del río Somme. En particular, la segunda batalla del Somme formó parte de la Ofensiva de los Cien Días (del ocho de agosto al once de noviembre), que condujo finalmente a la victoria aliada en la Primera Guerra Mundial.

Operación Michael (veintiuno de marzo a cinco de abril)

A principios de 1918, y después de más de un año sin ataques significativos, los alemanes lanzaron una importante ofensiva, la Ofensiva de Primavera. Por aquel entonces, en el frente oriental la guerra había terminado tras el derrumbamiento del Imperio ruso, por lo que el general Erich Ludendorff pensó que sería clave para Alemania atacar en el frente occidental antes de que llegaran tropas americanas en número suficiente como para reforzar significativamente la capacidad de los ejércitos aliados. El veintiuno de marzo Ludendorff comenzó el ataque sobre la primera línea aliada después de cinco horas de bombardeo incesante contra el quinto ejército británico, situado al norte del río Somme, en una zona cercana a Arras y La Fére. Esas tropas británicas no estaban preparadas para resistir el ataque, y tras recibir más de nueve mil bombas y ser gaseados con gas mostaza, la primera y la segunda líneas británicas cayeron rápidamente, y el decimoctavo ejército alemán rompió el frente británico al sur del Somme.

El veintidós de marzo el quinto ejército británico estaba en franca retirada, y los alemanes confiaban en un avance rápido para consolidar una cuña permanente entre las fuerzas aliadas y así lograr la separación de los ejércitos francés y británico. Pero mientras que el decimoctavo ejército alemán logró abrir brecha en la línea defensiva británica, llegando hasta Montdidier, el ataque principal, al norte del Somme, fue rechazado por los británicos en las cercanías de Arras. Desgraciadamente para los alemanes. Ludendorff no pudo aprovechar el éxito del decimoctavo ejército para lograr su objetivo principal, y se entretuvo atacando el flanco norte durante más de una semana. Cuando finalmente el treinta de marzo cambió de táctica y comenzó a avanzar en dirección a Amiens ya era demasiado tarde. Los aliados se habían recuperado, y los franceses habían logrado reforzar a las tropas británicas. El frente aliado solo se había curvado, pero no había sido sobrepasado, y el avance alemán fue detenido al este de Amiens. El cinco de abril Ludendorff dio por terminada su ofensiva en el Somme, bautizada con el nombre de "Operación Michael".

La segunda batalla del Somme (veintiuno de agosto a tres de septiembre)

La segunda batalla del Somme, que tuvo lugar entre finales de agosto y primeros de septiembre, formó parte de una serie de contraofensivas aliadas en respuesta a la Ofensiva de Primavera de los alemanes. En marzo de 1918, los alemanes atacaron en las orillas del Somme y ganaron bastante terreno, pero la batalla de agosto jugó un papel fundamental en el camino de los aliados hacia la victoria en la Primera Guerra Mundial. Una gran parte de los aprovisionamientos alemanes se movían en paralelo a la línea del frente, y el aspecto clave de la estrategia aliada en el Somme consistió en obligar a los alemanes a retirarse por detrás de su línea de suministros, evitando así que estos llegaran a las tropas.

La lucha comenzó el día veintiuno de agosto. Los aliados empujaron a los alemanes a lo largo de cincuenta y cinco kilómetros de frente, desde el sur de Douai a La Fére, y lograron tomar Albert el veintidós de agosto, y Bapaume el veintinueve. La noche del treinta y uno de agosto, el Cuerpo Expedicionario australiano cruzó el río Somme y rompió las líneas alemanas en Mont St. Quentin y Péronne. El general Rawlinson calificó ese avance australiano como el mayor logro militar de toda la guerra. El dos de septiembre, el contingente canadiense rompió a su vez la línea del frente alemán en Drocourt-Quéant, el extremo occidental de la línea Hindenburg, de modo que al mediodía el general Ludendorff ordenó el repliegue de sus tropas por detrás del canal del norte francés. Los alemanes se vieron así forzados a retroceder por detrás de la línea Hindenburg, que fue desde donde lanzaron la Ofensiva de Primavera.

La segunda batalla del Somme resultó fundamental para la victoria aliada. Menos de un mes después, el alto mando alemán se dio cuenta de que no podría ganar la guerra, y el once de noviembre de 1918 se firmó un armisticio que puso fin a las hostilidades.

Recordando a los caídos

En la batalla del Somme se produjeron cuantiosas bajas en ambos bandos. El día uno de julio, cayeron alrededor de veinte mil británicos, y nunca se han logrado recuperar los cuerpos de muchos de aquellos que lucharon y murieron trágicamente con tanta valentía en el campo de batalla. Permanecen enterrados en la fértil tierra francesa. Pero su sacrificio no se ha olvidado, y se les rinde honores en los diversos monumentos memoriales construidos en el Somme.

Los campos de batalla del Somme albergan miles de tumbas, tanto identificadas como de anónimas, de soldados que murieron en los barrizales. En el cementerio británico de Pozières hay dos mil setecientas tumbas, y se encuentra dentro de la valla que rodea el Memorial de los Caídos de Pozières. Se trata de un magnífico edificio en forma de puente, con dos grandes columnatas abiertas que enmarcan los caminos que rodean el puente a izquierda y derecha. Domina el paisaje circundante e incluye los nombres de catorce mil seiscientos cincuenta y cinco fallecidos británicos y de trescientos sudafricanos.

En 1919, el Real Ejército Acorazado levantó otro edificio en Pozières. Se eligió ese lugar por su cercanía al punto en el que los tanques participaron por primera vez en una acción militar durante la Primera Guerra Mundial, lo que marcó un hito de futuro en los conflictos bélicos. En las dos placas de bronce del memorial están grabados los nombres de las batallas del frente occidental en las que participaron tanques desde 1916 hasta 1918.

En Thiepval también hay un edifico en memoria de los caídos, con los nombres grabados de setenta y dos mil ochenta y cinco soldados británicos muertos cerca de allí, pero cuyos cuerpos no fueron recuperados. Antes de que estallara la guerra en la zona había un bonito castillo y un pueblo francés muy pintoresco, pero no queda nada de aquello, solo la conmemoración de la amarga batalla. El memorial es un sencillo y crudo recuerdo del desastroso primer día de la batalla del Somme. A escasa distancia, donde antes se levantaba el castillo, hay un obelisco que conmemora la toma de Thiepval el veintisiete de septiembre de 1916.

Después de la guerra, los restos de los soldados australianos recuperados tras la batalla de Fromelles se enterraron en la esquina australiana del cementerio del pueblo, que es el único cementerio de soldados de esa nacionalidad en territorio francés. No hay ni epitafios ni marcas para señalar o indicar los nombres de los caídos. Solo una valla de piedra con los nombres de los mil doscientos noventa y nueve valientes australianos que perdieron la vida en esa batalla. Contiene los restos de los cuatrocientos diez cuerpos que se encontraron en la zona. Dado que no pudo identificarse a ninguno de ellos, se tomó la decisión de no hacer tumbas individuales. En 2009 se encontraron los restos de otros cuatrocientos cincuenta y dos soldados, sin duda australianos, y se enterraron junto a los de sus compañeros.

El memorial del bosque de Delville es un edificio que recuerda a todos los sudafricanos que murieron en combate durante la Primera Guerra Mundial. También se trata del único memorial dedicado a los sudafricanos, que tanto se sacrificaron en el frente occidental. Después de la guerra, el gobierno sudafricano adquirió el terreno y construyó un arco diseñado por sir Herbert Baker, que fue quien diseñó también el edificio de homenaje australiano. En él se inscribieron las siguientes palabras: «Su ideal es nuestro legado, su sacrificio nuestra inspiración». También se repobló el lugar con robles y abedules. El cementerio del bosque de Delville alberga los restos de cinco mil cuatrocientos noventa y tres hombres, de los cuales casi las dos terceras partes no se han identificado. Aunque los nombres de los caídos no figuran inscritos en el arco de homenaje, sí que pueden encontrarse en otros memoriales británicos a los caídos que se han construido por toda la zona del Somme.

Cronología de los acontecimientos que condujeron a la batalla del Somme y de las principales batallas de la ofensiva

1915

19 de diciembre: El general sir Douglas Haig toma el mando como comandante en jefe de la Fuerza Expedicionaria británica, de manos del general sir John French.

29 de diciembre: Haig asiste a una conferencia para planificar una ofensiva anglo-británica en el Somme, en un frente de unos 100 kilómetros.

1916

21 de febrero: Comienza la batalla de Verdún.

12 de marzo: Conferencia militar de los aliados en Chantilly a propósito de la ofensiva del verano.

1 de mayo: El general Pétain toma el mando del ejército francés.

4 de junio: En el frente oriental, comienza la Ofensiva Brusilov de las tropas rusas contra los ejércitos austrohúngaro y alemán.

24 de junio: Empieza el bombardeo preliminar contra las líneas alemanas en el Somme.

1 de julio: "Día Z" – Comienza la batalla del Somme a las 7:30 de la mañana.

1 al 13 de julio: Batalla de Albert.

14 al 17 de julio: Batalla de Bazentin.

19 y 20 de julio: Batalla de Fromelles.

14 de julio a 15 de septiembre: Batalla del bosque de Delville.

23 de julio a 7 de agosto: Batalla de Pozières

3 al 6 de septiembre: Batalla de Guillemont.

9 de septiembre: Batalla de Ginchy.

15 al 22 de septiembre: Batalla de Flers-Courcelette.

25 al 28 de septiembre: Batalla de Morval.

26 al 28 de septiembre: Batalla de Thiepval.

1 al 20 de octubre: Batalla de Transloy.

1 de octubre al 11 de noviembre: Batalla de Ancre Heights.

13 al 18 de noviembre: Batalla de Ancre.

Altos mandos militares alemanes y aliados de la batalla del Somme

Joseph Joffre – Mariscal de Francia y comandante en jefe del ejército de Francia en el frente occidental

Joseph Joffre, apodado *Papá* Joffre, fue el comandante en jefe del ejército de las tropas francesas en el frente occidental desde el estallido de la Primera Guerra Mundial hasta diciembre de 1916. Fue aclamado por los franceses como "Vencedor del Marne" tras el éxito de su ejército en la primera batalla del Marne.

Douglas Haig – Mariscal de Campo británico

Douglas Haig fue el comandante en jefe del Ejército Expedicionario británico durante la mayor parte de la Primera Guerra Mundial. Relevó a John French en 1915. Lideró las fuerzas británicas en las batallas del Somme y de Passchendaele.

Herbert Kitchener – Secretario de Estado para la Guerra

Herbert Kitchener, primer conde de Kitchener, fue nombrado Secretario de Estado para la Guerra tras el estallido del conflicto. Fue uno de los primeros generales que se dio cuenta inmediatamente de que la guerra no iba a terminar de forma inmediata. Por ello, reclutó y organizó el mayor ejército de voluntarios que se había conocido en el Reino Unido hasta ese momento. El cinco de junio de 1916 murió cuando viajaba en un navío de guerra, el HMS *Hampshire*, que fue alcanzado y hundido por una mina alemana.

Henry Rawlinson - Comandante del Cuarto Ejército de las Fuerzas Expedicionarias británicas

Henry Rawlinson, primer barón de Rawlinson, fue nombrado comandante del Cuarto Ejército de las Fuerzas Expedicionarias británicas al inicio de la Primera Guerra Mundial. En diciembre de 1914 escribió al político conservador Lord Derby indicándole que los aliados ganarían una guerra de desgaste, pero que no estaba claro si esa situación se prolongaría durante uno, dos o hasta tres años. El 24 de enero de 1916 asumió el mando absoluto del cuarto ejército, y lo mantuvo durante la batalla del Somme y la de Amiens.

Hubert Gough - Comandante del ejército de reserva de las Fuerzas Expedicionarias británicas

El general sir Hubert Gough era un alto mando muy veterano del ejército británico. Cuando estalló la Primera Guerra Mundial estuvo al mando de la Tercera Brigada de Caballería en el frente occidental, pero ascendió rápidamente en el escalafón y se le otorgó el mando del ejército de reserva, que fue rebautizado como el Quinto Ejército desde 1916 hasta 1918. Haig consideraba a Gough como uno de sus mejores oficiales, y jugó un papel primordial en la batalla del Somme.

General Fayolle - Mariscal de Francia

El general Fayolle fue Mariscal de Francia durante la Primera Guerra Mundial. Desde 1897 hasta 1908 fue instructor de tácticas de artillería, hasta que se retiró en 1914 con el rango de General de Brigada. Con el estallido de la Primera Guerra Mundial, fue llamado por Joseph Joffre para que se incorporara de nuevo al ejército, y recibió el mando de la 71 División de infantería. En mayo de 1915 Fayolle se hizo cargo del Cuerpo 33 del ejército, después de Philippe

Pétain. En 1916 recibió el mando de todo el sexto ejército, y durante la batalla del Somme utilizó con éxito los recursos artilleros combinados con tácticas de infantería para presionar y ganar terreno a los alemanes.

Ferdinand Foch - Mariscal de Francia y comandante en jefe de los ejércitos aliados

Ferdinand Foch fue una figura clave del ejército de Francia durante la Primera Guerra Mundial. Contribuyó a la victoria contra los alemanes en la primera batalla del Marne. En 1917 de convirtió en comandante en jefe de las fuerzas francesas, y en 1918 asumió la jefatura de todas las fuerzas aliadas. Dirigió la denominada Ofensiva de los Cien Días, que finalmente obligó a los alemanes a rendirse.

Cronología de los acontecimientos más significativos de la Primera Guerra Mundial

1914

28 de junio: Asesinato de Francisco Fernando.

28 de julio: El Imperio austrohúngaro declara la guerra a Serbia.

Alemania se alía inmediatamente con el Imperio austrohúngaro y declara la guerra a Serbia.

Rusia, en virtud de su alianza general con Serbia, empieza a movilizarse para la guerra el 29 de julio.

1 de agosto: Alemania declara la guerra a Rusia.

Francia se ve obligada a movilizarse debido a su acuerdo con Rusia.

Agosto: Alemania declara la guerra a Francia, y las fuerzas alemanas invaden Bélgica, hasta entonces un país neutral.

El Ministro de Asuntos Exteriores británico, sir Edward Grey, envía un ultimátum a Alemania para que retire sus tropas de Bélgica.

4 de agosto: Alemania se niega a retirarse de Bélgica.

Gran Bretaña declara la guerra a Alemania.

23 de agosto: Japón, en virtud de una alianza establecida con Inglaterra en 1902, declara la guerra a Alemania.

4 de agosto al 6 de septiembre: Batalla de las Fronteras.

26 al 30 de agosto: Batalla de Tannenberg.

6 al 10 de septiembre: Primera batalla del Marne.

19 de octubre: Comienzo de la primera batalla de Ypres.

29 de octubre: El Imperio otomano (la actual Turquía) se involucra en la guerra del lado de las potencias centrales, y colabora con Alemania en un bombardeo sobre Rusia.

2 de noviembre: Rusia declara la guerra al Imperio otomano.

5 de noviembre: Gran Bretaña y Francia declaran la guerra al Imperio otomano.

22 de noviembre: Fin de la primera batalla de Ypres.

24 y 25 de diciembre: Tregua de Navidad en el frente occidental.

1915

19 de febrero: Inicio del bombardeo naval de los Dardanelos.

18 de marzo: Fin del bombardeo naval de los Dardanelos.

22 de abril: Comienzo de la segunda batalla de Ypres.

25 de abril: Inicio de la campaña de Gallipolli.

7 de mayo: Un submarino alemán hunde el Lusitania.

23 de mayo: Italia entra en la guerra del lado de los aliados.

25 de mayo: Fin de la segunda batalla de Ypres.

25 de septiembre: Comienzo de la batalla de Loos.

8 de octubre: Fin de la batalla de Loos.

1916

9 de enero: Fin de la campaña de Gallipolli.

21 de febrero: Inicio de la batalla de Verdún.

31 de mayo y 1 de junio: Batalla de Jutlandia.

4 de junio: En el frente oriental, se lanza la ofensiva rusa de junio, incluyendo la Ofensiva Brusilov, coincidiendo con la batalla del Somme.

1 de julio: Inicio de la batalla del Somme.

20 de septiembre: Fin de la ofensiva rusa.

18 de noviembre: Fin de la batalla del Somme.

18 de diciembre: Fin de la batalla de Verdún.

1917

2 de marzo: El zar Nicolás II es obligado a abdicar, con lo que terminan los 304 años de mandato de la dinastía Romanov.

El zar Nicolás II es sustituido por un gobierno provisional.

6 de abril: Los Estados Unidos de América entran en la guerra.

1 al 19 de julio: Ofensiva rusa de julio (Ofensiva Kerensky) en el frente oriental.

6 y 7 de noviembre: Estalla la revolución en Rusia, y el gobierno provisional es desalojado del poder por los bolcheviques.

1918

3 de marzo: Rusia firma el Tratado de Brest-Litovsk con las potencias centrales, y la guerra termina en Rusia.

17 de julio: El antiguo zar Nicolás II, junto con toda su familia, es asesinado en Ekaterimburgo.

8 de agosto: Inicio de la Ofensiva de los Cien Días.

11 de noviembre: Termina oficialmente la Primera Guerra Mundial a las once horas del día once del mes once.

Referencias

Libros y artículos

Carroll, Andrew: Behind the Lines, Revealing and Uncensored Letters from our War-Torn World (en español, "*Tras las líneas. Cartas auténticas no censuradas de un mundo destrozado por la guerra*").

Hart, Peter: "Mud, Blood and gas" (en español, "*Barro, sangre y gas*"). BBC History Magazine (Revista de historia de la BBC), julio de 2017.

Taylor *et al, Historia de la Primera Guerra Mundial.*

Páginas web

https://alphahistory.com/worldwar1/eastern-front/

https://www.armymuseum.co.nz/.../battle-somme-online

www.awmlondon.gov.au/battles/fromelles

https://www.awm.gov.au/wartime/36/article

http://www.bbc.co.uk/history/historic_figures/wilhelm_kaiser_ii.shtml

https://www.bbc.com/timelines/ztngxsg

https://www.britannica.com/event/Battle-of-Verdun

https://www.britannica.com/event/First-Battle-of-the-Somme

https://www.britannica.com/event/June-Offensive

https://www.firstworldwar.com/battles/bolimov.htm

https://www.firstworldwar.com/battles/frontiers.htm

https://www.firstworldwar.com/battles/index.htm

https://www.firstworldwar.com/battles/somme.htm

https://www.history.com/news/10-things-you-may-not-know-about-the-battle-of-verdun

https://www.history.com/this-day-in-history/heavy-casualties-suffered-in-the-battles-of-the-frontiers

https://www.history.com/topics/world-war-i/battle-of-the-somme

https://www.history.com/topics/world-war-i/battle-of-verdun

https://www.history.com/topics/world-war-i/kaiser-wilhelm-ii

https://www.history.com/news/why-was-the-battle-of-the-somme-so-deadly

https://www.historyhit.com/facts-about-the-battle-of-the-somme

https://www.historylearningsite.co.uk/world-war-one/battles-of-world-war-one/the-battle-of-verdun/

https://www.historylearningsite.co.uk/.../the-battle-of-flers

https://www.historylearningsite.co.uk/.../the-battle-of-the-somme

http://www.historynet.com/costliest-battles-and-campaigns-of-world-war-i.htm

https://www.historyonthenet.com/world-war-one-timeline/

www.bbc.co.uk/history/historic_figures/asquith_herbert.shtml

www.imageshck.org/why-was-the-battle-of-somme-a-disaster-for-british-army/

https://www.iwm.org.uk/history/what-was-the-battle-of-the-somme

https://www.iwm.org.uk/history/what-was-the-battle-of-verdun

https://www.nam.ac.uk/explore/battle-somme

https://www.news.bbc.co.uk/2/hi/uk_news/5083196.stm

https://online.norwich.edu/academic-programs/masters/history/resources/articles/6-important-battles-of-world-war-i

http://www.richthofen.com/ww1sum2/

https://spartacus-educational.com/FWWcreeping.htm

https://www.telegraph.co.uk/news/0/ten-facts-about-the-battle-of-the-somme/

https://www.thefamouspeople.com/profiles/herbert-henry-asquith-3831.php

https://www.thehistorypress.co.uk/.../the-battle-of-flers-courcelette

https://www.thehistorypress.co.uk/world-war-i

https://www.thoughtco.com/battle-of-the-somme-2361413

https://www.thoughtco.com/the-creeping-barrage-of-ww1-theory-and-practice-1222116

https://www.wereldoorlog1418.nl/battleverdun/

https://en.wikipedia.org/wiki/Battle_of_Verdun

https://en.wikipedia.org/wiki/Battle_of_the_Somme

https://en.wikipedia.org/wiki/Battle_of_Delville_Wood

Vea más libros escritos por Captivating History

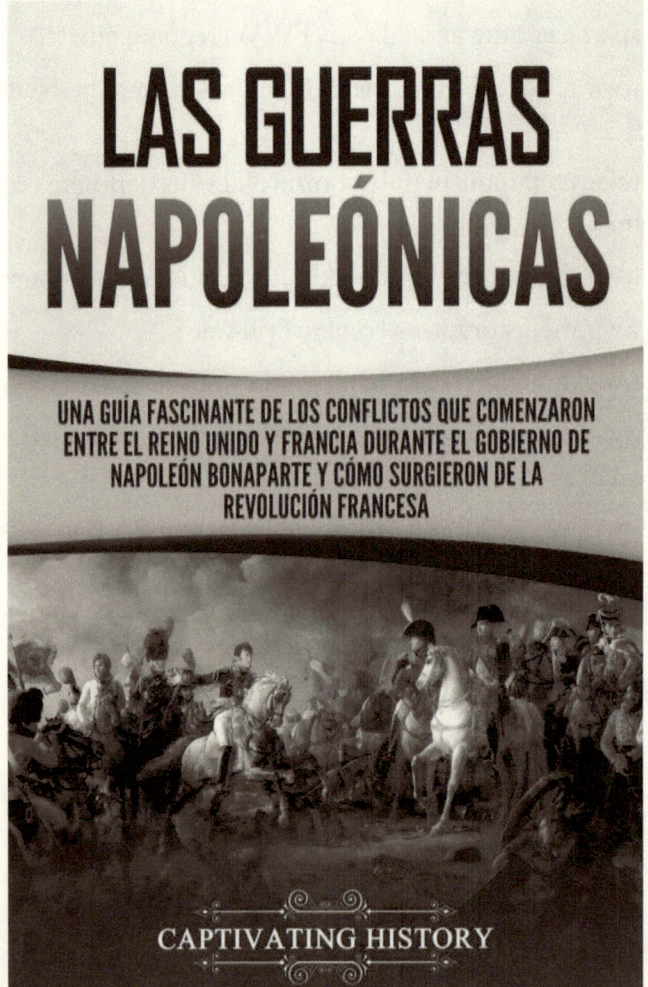

www.ingramcontent.com/pod-product-compliance
Lightning Source LLC
LaVergne TN
LVHW042000060526
838200LV00041B/1806